CONFÉRENCE

LE PREMIER EMPIRE

ET NOTAMMENT SUR LA GUERRE DE RUSSIE EN 1812

Avec Notes historiques sur Napoléon, sur ses frères, beaux-frères et sœurs,
et sur les principaux personnages de l'Empire,
ainsi que sur l'Emprisonnement du Pape, par Napoléon,

FAITE A SAINT-MARTORY (HAUTE-GARONNE) LE 31 OCTOBRE 1880

PAR M. TOUSSAINT-LOZES

BORDEAUX

IMPRIMERIE G. GOUNOUILHOU

II, RUE GUIRAUDE, II

1881

CONFÉRENCE

SUR

LE PREMIER EMPIRE

ET NOTAMMENT SUR LA GUERRE DE RUSSIE EN 1812

*Avec Notes historiques sur Napoléon, sur ses frères, beaux-frères et sœurs,
et sur les principaux personnages de l'Empire,
ainsi que sur l'emprisonnement du Pape, par Napoléon,
FAITE A SAINT-MARTORY (HAUTE-GARONNE) LE 31 OCTOBRE 1880*

Par M. TOUSSAINT-LOZES.

MESSIEURS ET CHERS CONCITOYENS,

Permettez-moi, d'abord, de remercier, et de remercier bien
sincèrement, MM. les Membres de la Municipalité, et notamment leur digne et vénéré chef, de l'hospitalité qu'ils ont bien
voulu non seulement nous accorder, mais encore nous offrir.
Je remercie également MM. les Membres du Bureau (¹), ainsi que
les Organisateurs de la conférence; car c'est grâce à leur
patriotique concours et aux peines et soins de quelques-uns
d'entre eux que je vais pouvoir ici, dans cette ville où mon
éducation fut ébauchée, dans mon pays natal, à quelques pas
des lieux où mon enfance fut bercée, — et ces lieux, peuplés
pour nous d'un monde de souvenirs, croyez-le bien, on ne les
oublie jamais! — que je vais pouvoir lever un coin du voile de
l'un des points les plus importants de notre histoire. Merci
également à vous, mes chers concitoyens et amis, car j'aper-
çois parmi vous bien des personnes pour lesquelles je n'ai
cessé d'éprouver les plus affectueux sentiments; — merci
enfin à vous tous qui êtes venus, en quelque sorte, prendre
part à l'inauguration de ce que nous pouvons appeler les mœurs
des hommes libres. Et, croyez-le bien, l'exemple que nous
donnons tous ici est encore l'un des meilleurs moyens d'éviter
le retour des malheurs, ou plutôt des calamités, que nous

(¹) MM. Pintrat, Camin, Dulion.

devons aux membres d'une famille, — du chef de laquelle nous allons, ainsi que vous l'avez vu annoncé, nous entretenir à l'instant.

Et, dès le début, une question bien simple se présente tout naturellement à l'esprit : Quel besoin avait le chef de cette famille, c'est-à-dire Napoléon, de faire cette campagne de Russie, et qu'aurait-il pu lui manquer, alors surtout, pour être heureux?

Et d'abord, Messieurs, nous croyons, dans ce qui aurait pu lui manquer, devoir écarter ce qu'il a en quelque sorte personnifié : la gloire; car jamais, dans ses aspirations les plus ardentes, jamais, dans ses plus beaux rêves de jeunesse, il n'eût osé approcher de celle dont il était en ce moment environné (¹).

(¹) Qui sait quels devaient être les rêves de Napoléon dans sa jeunesse, et sous quelles couleurs son ardente imagination lui peignait l'avenir? Voici ce qu'il dit à Mme de Rémusat, dans une conversation qu'il eut avec elle, à Boulogne, lors du projet de descente en Angleterre.

« Je vivais à l'écart de mes camarades. J'avais choisi dans l'enceinte
» de l'école (l'École militaire de Paris) un petit coin où j'allais
» m'asseoir pour rêver à mon aise, car j'ai toujours aimé la rêverie.
» Quand mes compagnons voulaient usurper sur moi la propriété de
» ce coin, je le défendais de toute ma force. J'avais déjà l'instinct que
» ma volonté devait l'emporter sur celle des autres, et que ce qui me
» plaisait devait m'appartenir. » (*Mémoires de Mme de Rémusat*, 13e éd., 1er vol., p. 267.)

Cependant, il a connu, lui aussi, et peut-être plus qu'un autre, des moments de sombre tristesse.

En 1786, il était lieutenant en second dans le régiment de La Fère. Et, le 20 septembre de cette même année, parti, avec sa compagnie de Lyon, il arrivait le 17 octobre à Douai, où son régiment devait tenir garnison.

Là il trouve, de chez lui, des lettres désolantes. Son père était mort depuis deux années, et on lui apprend que le protecteur de la famille, le gouverneur de l'île de Corse, M. le comte de Marbœuf, venait de mourir à Bastia; son grand oncle Lucien était encore gravement malade; sa mère était dans une gêne extrême. Et ce long voyage avait épuisé sa bourse : il lui fallait absolument de l'argent.

Dans cette situation, le désespoir s'empare de lui; il écrit :

« Toujours seul, au milieu des hommes, je rentre pour rêver avec
» moi-même et me livrer à toute la vivacité de ma mélancolie. De
» quel côté est-elle tournée aujourd'hui? Du côté de la mort... quelle
» fureur me porte à vouloir ma destruction?... Que faire dans le
» monde? Puisque je dois mourir, autant en finir de suite... Pourquoi

Mais ce que nous devons surtout et par-dessus tout écarter, c'est ce bonheur, le seul vrai peut-être, celui que l'immuable et éternelle justice a mis à la portée des petits comme des grands, des faibles, des pauvres comme des riches et des puissants, celui que nous donnent ces petits êtres que nous sentons comme suspendus au cœur, celui que nous donne une compagne aimée, le bonheur domestique enfin, les joies de la famille : il venait d'épouser une femme jeune et belle, de laquelle il était beaucoup aimé ([1]) et qui, en outre de tout ce

---

» supporterais-je des jours où rien ne me prospère?... Que les hommes » sont éloignés de la nature! qu'ils sont lâches, vils, rampants!... La » vie m'est à charge parce que je ne goûte aucun plaisir et que tout » est peine pour moi...» (Jung, *Bonaparte et son temps,* 1er vol., p. 168 et 169.)

([1]) Il est fort peu de contemporains qui, dans leurs mémoires, ne conviennent de l'affection sincère que Marie-Louise éprouvait pour Napoléon, ainsi que des sentiments de tendresse qu'elle lui inspirait (*a*).

Il est vrai qu'elle justifia bien vite le mot de François Ier :

Souvent femme varie...

Hélas! Napoléon venait de tomber; le *Northumberland* (*b*) qui l'emportait à Sainte-Hélène n'était pas arrivé à destination que déjà Marie-Louise, retournée à Vienne chez son père, l'empereur François Joseph, « contractait une liaison illicite avec le général autrichien » comte Niepper, liaison qu'un mariage secret sanctionnait après la mort de Napoléon, arrivée le 5 mai 1821. » (Hippolyte Magen, *Histoire du second Empire.*)

(*a*) « Dans une de ses promenades nocturnes, à Sainte-Hélène, » dit M. Las Cases, dans le *Mémorial*, p. 382, « l'Empereur disait qu'il avait été fort occupé, dans sa » vie, de deux femmes très différentes : l'une était l'art et la grâce (Joséphine, sa » première femme), l'autre l'innocence et la simple nature (Marie-Louise, sa seconde » femme), et chacune, observait-il, avait bien son prix.

» Dans aucun moment de la vie, la première (Joséphine) n'avait de position » ou d'attitude qui ne fussent agréables ou séduisantes; il eût été impossible de la » surprendre ou d'en éprouver jamais aucun inconvénient; tout ce que l'art peut » imaginer en faveur des attraits, était employé par elle; mais avec un tel mystère » qu'on n'en apercevait jamais rien. L'autre, au contraire (Marie-Louise), ne » soupçonnait même pas qu'il pût y avoir rien à gagner dans d'innocents artifices. » L'une (Joséphine) était toujours à côté de la vérité, son premier mouvement était » la négative. La seconde (Marie-Louise) ignorait le mensonge, tout détour lui » était étranger... Du reste, toutes les deux étaient bonnes, douces, fort attachées » à leur mari. »

(*b*) Napoléon, parti de l'île d'Aix (près Rochefort), à bord du brick français *l'Épervier*, monta sur le vaisseau anglais le *Bellérophon*, où il fut reçu par le capitaine Maitland, le samedi 15 juillet 1815. Il arriva le dimanche 6 août suivant à la baie de Start-Point, sur la côte d'Angleterre. Le lundi 7 août, il montait à bord du *Northumberland*, où le recevait l'amiral Cookburn, chargé de le transporter à Sainte-Hélène. Et le 15 octobre 1815, il débarquait dans cette île célèbre, où il est mort . . . mai 1821. Il était là, près du Cap, où le fils de son neveu et de l'Impér . . . e Eugénie est allé mourir, tué par les zagaies des Zoulous.

qu'elle lui inspirait d'affectueux sentiments, venait encore, en lui donnant un fils (¹), de combler ses vœux.

Quant à sa puissance, n'était-elle pas immense?

Quels peuples, quels potentats eussent osé ne pas s'incliner devant elle?

Voyez autour de lui :

Quelle autorité, autre que la sienne, pouvaient avoir, en Italie, son beau-frère le roi Murat, sa sœur la princesse Borghèse (²), son fils adoptif le prince Eugène?

(¹) Ce fils, qui, dit M. Hippolyte Magen, dans son *Histoire du second Empire*, ce fils, « qui devait être Napoléon II, et dont la naissance fut » si pompeusement fêtée, le 20 mars 1811, portait le nom de roi de » Rome, puis porta celui de duc de Reichstadt, que les alliés lui » donnèrent, en chargeant son grand-père, l'Empereur d'Autriche, de » veiller sur lui. On imagina un système d'énervation qui eut un plein » succès...

» Emacié, atrophié, le duc de Reichstadt mourut à Schoenbrun » le 22 juillet 1832, d'un cancer à l'estomac, disaient les uns, de » phthisie, prétendaient les autres; — des effets d'un poison lent, » affirmaient les bonapartistes. »

(²) Celle que M. Jung, dans son histoire de *Bonaparte et son temps*, appelle la belle Paulette de Fréron et de Leclerc, avait perdu, vers la fin de 1803, son mari, le général Leclerc, « qui avait succombé, » dit Mᵐᵉ de Rémusat dans ses *Mémoires*, « de la fièvre jaune à Saint- » Domingue. Au mois de janvier, continue l'auteur des Mémoires, cette » jeune et jolie veuve revint en France. Elle était dès lors attaquée » d'un mal assez grave qui l'a toujours poursuivie : mais quoique » affaiblie et souffrante, et revêtue du triste costume de deuil, elle me » parut la plus charmante personne que j'eusse vue de ma vie. » Bonaparte l'exhorta fort à ne point abuser de sa liberté pour retomber » dans les excès qui avaie   je crois, été la cause de son départ pour » Saint-Domingue : mais elle ne   d pas à tenir peu de compte de la » parole qu'elle lui donna en ce moment...

» En effet, elle se livra bientôt à un nouveau penchant qu'elle avait » inspiré au prince Borghèse (depuis peu de temps arrivé de Rome » en France), et qu'elle partageait. Ce prince demanda sa main à » Bonaparte, qui, sans que j'aie trop su pourquoi, résista d'abord à » cette demande. Mais la liaison de ces deux personnes étant devenue » publique, il consentit enfin à la légitimer par le mariage, qui se fit » à Mortefontain pendant le séjour du consul à Paris.

» Dans le commencement de l'année 1808, » poursuit Mᵐᵉ de Rémusat (p. 312 et 313), « Bonaparte, à l'aide d'un sénatus-consulte, créa une » nouvelle grande dignité de l'Empire, sous le titre de gouverneur » général au delà des Alpes, et il conféra cette dignité au prince » Borghèse, qui fut envoyé à Turin avec sa femme.

» Environ six mois avant le départ des deux époux, Napoléon

Et en Espagne, son frère le roi Joseph, le meilleur, ou plutôt le modèle de ses rois (¹)? Que ne lui eût-il pas sacrifié? Joseph,

---

(poursuit l'auteur des Mémoires, p. 188, 3ᵉ vol.) « gronda sévèrement
» quoique fort inutilement sa sœur Pauline, sur ses galanteries
» accoutumées, que le prince Borghèse voyait, au reste, ou voulait
» paraître voir avec indifférence. »

(¹) « Joseph » (partant de Naples) « s'était mis en route vers la fin
» de mai 1808. » (Murat n'était encore à cette époque que grand-duc
de Berg.) « Lorsqu'il sut qu'il approchait de Bayonne, Napoléon, sans
» attendre son arrivée, se hâta de faire publier le décret qui procla-
» mait Joseph *roi d'Espagne et des Indes, vu l'urgente nécessité d'assurer*
» *le bonheur de l'Espagne en mettant fin à l'interrègne.*

» Ce décret parut le 6 juin 1808; le lendemain 7, Joseph arrivait à
» Pau. Napoléon alla à sa rencontre à plusieurs lieues de Bayonne : il
» le fit monter dans sa voiture, l'accabla de démonstrations de ten-
» dresse tout à fait inusitées de sa part, et enfin développa, avec son
» impétuosité accoutumée, tous les projets qu'il avait conçus pour la
» prospérité, la grandeur et la consolidation de la nouvelle monar-
› chie.

» A Bayonne, la scène change : on ne laisse pas au voyageur un
» instant pour se reposer. En descendant de voiture il aperçoit, au bas
» de l'escalier du palais, l'Impératrice » (Joséphine, première femme
de Napoléon), « entourée de toutes ses dames d'honneur, qui le com-
» plimentent au sujet de sa nouvelle royauté. Une autre surprise
» l'attend dans l'intérieur du palais. En entrant dans le salon d'hon-
» neur, Joseph y est reçu en grand appareil par toutes les députations
» que Napoléon a fait venir, moitié de gré, moitié de force, à Bayonne
» e toutes les villes qui sont occupées par l'armée française. Là se
» trouvent réunis des hommes qui portent, quelques-uns, les plus
» grands noms d'Espagne, les ducs d'Osuna, de l'Infantado, de Ferias,
» le prince de Castelfranco, les comtes de Santa-Colonna et Fernan-
» Nunez; à côté d'eux, des évêques, d'anciens ministres, des courti-
» sans, des fonctionnaires, et jusqu'à un inquisiteur, don Raimundo
» Ethenard y Salinas. Et tous ces grands personnages sont des sujets
» soumis et dévoués : ils en ont l'attitude et les protestations. Ils
» acclament Joseph et le saluent roi... » (Lanfrey, *Histoire de Napoléon Iᵉʳ*, p. 130 et 131, t. IV, 5ᵉ édition.)

Mais, dès les premiers jours de son entrée sur le territoire espagnol,
quel effroyable changement de scène! Et que de fois, lui et celui que
nous pouvons appeler son sosie, — tant les situations se ressemblent,
sauf le sinistre dénouement de l'une, — que de fois, lui et le malheureux Maximilien, — Maximilien du Mexique et de Quérétaro, — que
de fois, en entendant, au lieu d'acclamations et de cris d'allégresse,
des coups de fusil et des balles autour de leurs oreilles, et tout cela,
accompagné de ces cris qui, comme les balles, semblaient venir on ne
sait d'où : *Fuero el ladron!* Dehors le voleur! que de fois on les a
entendus, aussi bien l'un que l'autre, dire autour d'eux : « Ah! mon
» Dieu, mais c'est dans un véritable enfer que nous entrons! »

qui, aux jours si sombres de notre histoire, avait été la providence de la famille. Car, ce qu'on ne sait pas assez, ce que même beaucoup de personnes ignorent, et qu'il importe tant de faire connaître, c'est que les Bonaparte, et notamment leur chef, notre futur empereur, étaient des partisans, et des partisans résolus, déterminés, de ceux qu'on appelait les terroristes (¹), des Couthon, des Saint-Just, et, pour tout dire en un mot, des Robespierre. Il y a bien mieux, c'est que le chef de la famille, Napoléon, était l'ami et l'ami intime de l'un des Robespierre (²), de Robespierre jeune, Augustin Robespierre (³).

(¹) « Bonaparte fut terroriste dans toute la force du terme; on se » souvient encore à Toulon des discours anarchiques qu'il prononça en » mauvais français dans les Sociétés populaires, on se souvient encore » mieux de l'énorme sacrilège qu'il commit dans l'une des églises de » cette ville. » (Gallais, *Histoire du 18 Brumaire et de Buonaparte*, p. 35.)

(²) Marie-Marguerite-Charlotte de Robespierre, sœur des deux célèbres conventionnels, Maximilien et Augustin Robespierre, née à Arras en 1760, morte à Paris le 1ᵉʳ août 1834, dans le faubourg Saint-Marceau, rue de La Fontaine, nº 3, dit dans ses Mémoires :

« L'admiration de Bonaparte pour mon frère aîné, son amitié pour » mon jeune frère, et peut-être aussi l'intérêt que mes malheurs lui » inspirèrent me firent obtenir, sous le Consulat, une pension de trois » mille six cents francs. » (Jung, *Bonaparte et son temps*, t. II, p. 430 et 413.)

« Au sujet de Robespierre, l'Empereur disait qu'il avait beaucoup » connu son frère, représentant à l'armée d'Italie. Il n'en disait point » de mal; il l'avait conduit au feu, lui avait inspiré beaucoup de con- » fiance et un grand enthousiasme pour sa personne; si bien que, » rappelé par son frère quelque temps avant le 9 thermidor, qui se » préparait sourdement, Robespierre le jeune voulait absolument » amener Bonaparte à Paris. Celui-ci eut toutes les peines du monde à » s'en défendre et ne parvint à lui échapper qu'en faisant intervenir » le général en chef Dumerbion, dont il avait toute la confiance, et » auquel il se montra comme absolument nécessaire. » (Las Cases, *Mémorial de Sainte-Hélène*, p. 426.)

(³) Après le 9 thermidor, dans le mois d'août 1794, Napoléon écrivait à Tilly, notre chargé d'affaires à Gênes, auprès duquel il avait été envoyé par les Robespierre, dans les commencements de juillet, — et, entre parenthèses, lequel Tilly mandait, au commissaire de nos relations extérieures Buchet (en parlant de Napoléon) : « Le général d'ar- » tillerie Bonaparte, *favori et conseiller intime de Robespierre le jeune*, — après le 9 thermidor, Napoléon écrivait à Tilly :

« Tu auras appris la conspiration et la mort de Robespierre, Cou- » thon, Saint-Just, etc. Robespierre avait pour lui les Jacobins, la » municipalité de Paris, l'état-major de la garde nationale; mais,

Et lorsque, après cette grande et terrible lutte, qui se termina au 2 juin 1793, les terroristes eurent fait tomber les têtes des Vergniaud, des Gensonné, des Condorcet, et d'autres grands et admirables républicains, qui avaient rêvé non pas une République d'anges, mais une République exempte de souillures et de crimes, les habitants de la Corse, soulevés à la voix de leur chef, le célèbre Paoli (¹), — comme plus d'un an plus tard, au 9 thermidor, dans les derniers jours de juillet 1794, la France, presque entièrement couverte d'habits de deuil, se souleva et voua à l'exécration les partisans de ces malheureux qui avaient rêvé de faire de l'horrible instrument de supplice un système de gouvernement, — les habitants de la Corse, soulevés à la voix de leur chef, vouèrent également à l'exécration leurs terroristes, à la tête desquels étaient les Bonaparte, qui furent chassés de l'île (²), comme plus de soixante ans plus tard étaient chassés du Mexique nos malheureux soldats, sous la

---

» après un moment de vacillation, le peuple s'est rallié à la Conven-
» tion... *J'ai été un peu affecté de la catastrophe de Robespierre le jeune,*
» *que j'aimais et que je croyais pur; mais fût-il mon père, je l'eusse poi-*
» *gnardé moi-même s'il aspirait à la tyrannie...* » (Et si on l'eût poi-
gnardé, lui, qui non seulement a aspiré à la tyrannie, mais qui l'a
exercée pendant quinze ans?) (Jung, *Bonaparte et son temps.*)

(¹) Dans le célèbre souper de Beaucaire, Napoléon se déchaîna contre
Paoli et les Girondins, il dit :

« Paoli aussi arbora en Corse, comme les Girondins en France, le
» drapeau tricolore, pour avoir le temps de tromper le peuple (les
» terroristes), d'écraser les vrais amis de la liberté (de la guillotine),
» pour pouvoir entraîner ses compatriotes dans ses projets ambitieux
» et criminels. » (Comme on sent le langage d'un homme d'abnégation,
de sacrifice et dont le désintéressement n'ira qu'à vouloir le monde !)

« Et il ravagea et confisqua les biens des familles... » (des Bonaparte
et de ses partisans, qui voulaient user de la guillotine, et qui avaient
commis en Corse des exactions et de nombreux actes de scélératesse.)

« Et il avait l'impudeur de se dire ami de la France et bon républi-
» cain ! » (Alors qu'il ne voulait ni des Robespierre, ni du Tribunal
révolutionnaire, ni des horreurs que commettaient les partisans de la
guillotine !)

(²) « Le 11 juin 1793, Bonaparte, suivi de sa famille, quitte défini-
» tivement son pays natal, pour ne plus le revoir, qu'à son grand
» regret, et en passant, au lendemain d'un acte d'indiscipline, autre-
» ment grave, le lâche abandon de cette armée d'Égypte, dont la
» France lui avait fait l'insigne honneur de lui confier le commande-
» ment. » (Jung, *Bonaparte et son temps.*)

conduite du misérable Bazaine, âme damnée d'un autre Bonaparte, — car, qui jamais pourra dire ce que nous devons de calamités à cette famille, dont tous les membres, ainsi que la mère Lætitia Ramolino ou Ramolini, poussés comme des épaves par la tempête, vinrent tristement, pitoyablement, se réfugier, dispersés, entre Toulon ([1]) et Marseille, et l'on ne sait ce qu'il fût advenu d'eux tous si l'un d'eux, Joseph Bonaparte, n'eût, par un hasard ([2]) des plus étranges, connu et bientôt épousé celle qui devait être deux fois reine ([3]), reine de Naples et reine d'Espagne, et qui alors était tout simplement une bonne et douce personne, mais de plus la fille d'un très riche marchand de savon de Marseille. Or, Joseph, qui avait été la providence de la famille, grâce, il est vrai, à la fortune de son beau-père, Joseph n'eût-il pas sacrifié au chef de cette famille, au puissant empereur qui venait de placer sur sa tête cette couronne d'Espagne et des Indes, à laquelle il tenait... oh! s'il y tenait? comme on tient à la meilleure partie de soi-même,

---

([1]) « Le 13 juin 1793, tous les Bonaparte se trouvèrent réunis à » Toulon. « J'arrive dans cet instant avec ma famille, écrit Joseph à » l'un des membres de la famille Isoard: Paoli a finalement arboré » l'étendard de la révolte. J'ai été plus longtemps sa dupe que vous; » j'en suis puni; j'ai fini par être sa victime. Il y avait deux mille » paysans armés. Ma famille a été poursuivie. Ma maison et celle de » Multedo ont été pillées, saccagées et brûlées. » (Jung, 2ᵉ vol., p. 276.)

([2]) « Le 25 août 1793, l'armée républicaine, commandée par Car-» taux, battait les insurgés du Midi et faisait son entrée à Marseille. » Bonaparte marchait avec l'artillerie: il était capitaine.

» Le soir même, par droit de billet de logement, il se trouvait » installé dans la maison Clary. Son frère Joseph l'y venait rejoindre » le lendemain, ne se doutant certes guère qu'à une année de là il » serait l'allié de cet hôte du hasard. Ce Clary était un ancien négo-» ciant en savon. Il avait deux filles non mariées, Julie et Désirée. » Tout ce petit monde avait le cœur sur la main. » (Jung, *Bonaparte et son temps*, p. 375 et 376.)

([3]) « Joseph Bonaparte, âgé de vingt-cinq ans, natif d'Ajaccio, épousa » le 14 thermidor an II (1ᵉʳ août 1794) la citoyenne Marie-Julie » Clary, âgée de vingt-deux ans sept mois moins quatre jours, fille de » feu citoyen François Clary (ancien marchand de savon), décédé le » 1ᵉʳ pluviôse (20 janvier 1794), dans la commune de Marseille, âgé » d'environ soixante-dix ans, et de la citoyenne Françoise-Rose Somis, » son épouse, survivante, domiciliée dans la commune de Marseille, » rue des Phocéens, section 5ᵉ. » (Jung, *Bonaparte et son temps*, Pièces à l'appui. Dictionnaire de Jal.)

comme le naufragé tient au faible débris qui le maintient flottant et le conduit au rivage (¹)... — Joseph n'eût-il pas sacrifié au chef de cette famille, au puissant empereur, qui venait de

---

(¹) On ne pourra jamais croire jusqu'à quel point, non seulement Joseph, qui déjà, en janvier 1786, sollicitait du grand-duc de Toscane la permission de revêtir *les insignes de l'ordre de Saint-Étienne* (Jung, 1ᵉʳ vol., p. 158), mais tous les Bonaparte (sans en excepter les sœurs), et notamment leur beau-frère Murat, poussaient l'amour, ou plutôt la passion du clinquant, des honneurs, des grandeurs monarchiques.

Nous en donnerons un seul exemple, mais très frappant, rapporté par Mᵐᵉ de Rémusat dans ses *Mémoires,* mémoires si remarquables, non seulement au point de vue du style, mais de la variété, de la sincérité, de la clarté des récits.

Il faut d'abord faire observer que Mᵐᵉ de Rémusat était dame d'honneur de Joséphine, première femme de Napoléon, et son mari, M. de Rémusat, chargé de l'administration du palais, sous la direction du gouverneur Duroc, devenu, plus tard, grand maréchal.

Le jour de la fondation, ou de la proclamation de l'Empire, le 18 mai 1804, Napoléon, qui venait de créer plusieurs grands dignitaires et de faire une fournée de seize maréchaux, faisait annoncer dans le senatus-consulte :

« Le peuple français veut l'hérédité de la dignité impériale dans la
» descendance directe, naturelle, légitime et adoptive de Napoléon
» Bonaparte et dans la descendance directe, naturelle, légitime de
» Joseph Bonaparte et de Louis Bonaparte. »

Ce même jour le nouvel empereur invita à dîner plusieurs grands dignitaires et tous les membres de la famille Bonaparte.

« Avant de nous mettre à table, dit Mᵐᵉ de Rémusat, le gouver-
» neur du palais, Duroc, vint nous prévenir tous, les uns après les
» autres, des titres de prince et princesse qu'il fallait donner à
» Joseph et à Louis Bonaparte, ainsi qu'à leurs femmes. Mesdames
» Bacciochi (*a*) (Eliza) et Murat (Caroline) paraissaient atterrées de
» cette différence entre elles et leurs belles-sœurs.

» Mᵐᵉ Murat surtout éprouvait un violent désespoir, et pendant
» le dîner, elle fut si peu maîtresse d'elle-même, lorsqu'elle entendit
» l'Empereur nommer, à plusieurs reprises, la princesse Louise (Hor-
» tense qui fut la mère de Napoléon III), « qu'elle ne put retenir ses
» pleurs. Elle buvait à coups redoublés de grands verres d'eau pour
» tâcher de se remettre, et paraître faire quelque chose ; mais les larmes
» la gagnaient toujours... Mᵐᵉ Bacciochi (*b*) plus âgée (Mᵐᵉ Murat

---

(*a*) « M. Bacciochi était alors colonel de dragons et absolument étranger aux affaires publiques. Il avait la passion du violon et en jouait toute la journée. » (*Mémoires de Madame de Rémusat,* p. 331.)

(*b*) « La Toscane avait été, après le traité de Lunéville (1801), érigée en
» royaume d'Etrurie et donnée au fils du duc de Parme. Le roi étant mort en
» 1803, sa veuve Marie-Louise, fille de Charles IV, roi d'Espagne, lui succéda
» en 1807, époque où ce royaume fut incorporé à l'Empire, pour en être
» distrait en 1809, en faveur de Mᵐᵉ Bacciochi, qui prit le titre de grande
» duchesse de Toscane... » (Note de M. Paul de Rémusat, au bas des *Mémoires*
de sa grand'mère, p. 350.)

lui donner de pareils témoignages de gratitude, même le bonheur de ses sujets?

Et voyez, à l'autre chaîne de vos montagnes frontières, voyez

---

» avait de vingt-deux à vingt-trois ans), plus maîtresse d'elle-même,
» ne pleurait point, mais elle se montrait brusque, tranchante, et trai-
» tait chacun de nous avait une hauteur marquée (a).

» Le lendemain, après un dîner fait en famille, elles firent à leur
» frère une scène des plus violentes. Et Napoléon, n'y tenant plus, leur
» dit :

» En vérité, à voir vos prétentions, Mesdames, on croirait que nous
» tenons la couronne des mains du feu roi notre père. »

Mais M. et Mme Murat eurent un sujet bien autrement grave encore de chagrin.

« Les règlements intérieurs du palais de Saint-Cloud, » dit l'auteur des *Mémoires*, « partagèrent l'appartement impérial en plusieurs salons
» où l'on n'entrait que selon le nouveau rang dont chacun était revêtu.
» Le salon le plus voisin du cabinet de l'Empereur devint le salon du
» trône ou des princes, et le maréchal Murat, quoique époux d'une
» princesse, s'en vit fermer la porte. » Murat et sa jeune femme crurent
à un malentendu. Il ne leur paraissait pas possible qu'étant princes,
l'accès du salon du trône ou des princes pût leur être interdit, Murat
s'y présenta. Et « M. de Rémusat fut chargé de la désagréable com-
» mission de l'arrêter, quand il se disposait à passer. Murat fut vive-
» ment blessé, » ajoute l'auteur des *Mémoires*, « de cet affront public.»

Mais il est une autre scène d'intérieur qui peint peut-être encore mieux les dispositions des Bonaparte.

Quelque temps avant la proclamation de l'empire, Napoléon, qui déjà avait dessein d'en arriver là, s'entretint avec ses frères et sœurs de la question d'hérédité, et comme il n'espérait plus avoir d'enfants avec Joséphine, il se détermina à adopter le petit Napoléon, « qui se
» trouvait en même temps son neveu et son petit-fils. » (Il était le fils aîné de son frère Louis et d'Hortense, fille de Joséphine. Il mourut en 1807.) « Toute sa famille en éprouva une extrême inquiétude.

» Un jour, » poursuit Mme de Rémusat, « le consul, entouré de sa
» famille, tenait le jeune Napoléon sur ses genoux, tout en jouant avec
» lui et le caressant, lui adressait ces paroles : «Sais-tu, petit bambin,
» que tu risques d'être roi un jour? — Et Achille? dit aussitôt Murat,
» qui se trouvait présent. » (Achille était son fils.) — « Ah ! Achille,
» répondit Napoléon, Achille sera un bon soldat. »

(a) Le 2 septembre 1792, Napoléon allait prendre sa sœur Éliza à Saint-Cyr,
où elle avait fait son éducation, aux frais de l'État ou du roi, comme on disait
alors.

« Elle avait, dit M. Jung (page 201, *Bonaparte et son temps*), tout le carac-
» tère de son frère, toute l'âpreté de ses convoitises. Le regard était profond,
» la tête bien faite, les lèvres fortes, le menton accusé, le teint mat, les cheveux
» abondants, les extrémités délicates. Tout dénotait, chez cette jeune et
» maigre personne de seize ans, une de ces natures dominantes, qui, faute de
» direction, ne devait avoir, lors de la plénitude de ses facultés, qu'un
» guide, ses passions. »

cet État si faible, si hospitalier, si respecté depuis des siècles, la Suisse, eh bien! la Suisse n'était plus qu'une sorte de fief sous la dépendance de son major général, Alexandre Berthier, qu'il avait fait prince de Neuchâtel (¹), et avec lequel il poussait la familiarité jusqu'à l'appeler, — chose vraiment incroyable (²)! mais on peut voir les mémoires du temps : qu'on voie notamment M. de Ségur, — jusqu'à l'appeler ma femme (³)!

Oui, mais cela ne faisait pas l'affaire du père et de la mère d'Achille, qui parurent profondément blessés.

Et, ce qu'il y a de mieux, c'est que le père du petit Napoléon se montra plus irrité que les autres. Comme son frère Joseph, « il alla » demander au premier consul, » dit Mᵐᵉ de Rémusat (*Mémoires*, 13ᵉ éd., p. 394, 1ᵉʳ vol. 4) « raison du sacrifice qu'on voulait lui » imposer. — Pourquoi, disait-il, faut-il donc que je cède à mon fils » ma part de votre succession? Par où ai-je mérité d'être déshérité? » Quelle sera mon attitude, lorsque cet enfant, devenu le vôtre, se » trouvera dans une dignité supérieure à la mienne, indépendant de » moi, marchant immédiatement après vous, ne me regardant qu'avec » inquiétude ou peut-être même avec mépris? Non, je n'y consentirai » jamais, et plutôt que de renoncer à la royauté qui va entrer dans » votre héritage, plutôt que de consentir à courber la tête devant mon » fils, je quitterai la France, j'emmènerai Napoléon, et nous verrons » si, tout publiquement, vous oserez ravir un enfant à son père. »

(¹) « Le 30 mai 1806, un décret ou sénatus-consulte fait le » maréchal Berthier prince de l'Empire et lui transfère la principauté » de Neuchâtel. Oudinot en prit possession, à la tête de ses grenadiers, » et commença par y confisquer toutes les marchandises anglaises. » (*Mémoires de Mᵐᵉ de Rémusat*, 5ᵉ vol. p. 3 et 12.)

(²) « Un jour, M. de Talleyrand causait avec Bonaparte devenu » Empereur. » « En vérité, lui disait celui-ci, je ne puis comprendre » comment il a pu s'établir entre Berthier et moi une relation qui ait » quelque apparence d'amitié. Je ne m'amuse guère aux sentiments » inutiles, et Berthier est si médiocre, que je ne sais pourquoi je » m'amuserais à l'aimer; et cependant, au fond, quand rien ne m'en » détourne, je crois que je ne suis pas tout à fait sans quelque penchant » pour lui. » — « Si vous l'aimez, répondit M. de Talleyrand, savez- » vous pourquoi? c'est qu'il croit en vous. » (Mᵐᵉ de Rémusat, *Mémoires*, p.231.)

(³) Quelque temps avant d'en finir avec le consulat, c'est-à-dire « avec le peu qui restait encore de République, Bonaparte avait de » longues conférences avec M. de Talleyrand sur la forme à donner au » nouveau gouvernement. » M. de Talleyrand insistait pour qu'il se fît proclamer roi simplement. « Mais Bonaparte voyait dans le titre » d'Empereur un vague et une étendue qui flattaient son imagination, » et, insensiblement l'idée de cette combinaison de République romaine » et de gouvernement de Charlemagne lui faisait si bien tourner la

Et à l'extrémité de cette chaîne de montagnes, voyez ce vaste et puissant empire, l'empire d'Autriche; eh bien! là encore l'empereur François Joseph, son propre beau-père, le père de Marie-Louise, tremblait devant lui.

Et en tournant vers nos frontières de l'Est et du Nord-Est, voyez l'Allemagne. L'Allemagne n'avait plus qu'une ombre d'autonomie depuis qu'il s'était fait le protecteur, les Allemands disaient, et avec raison, — l'oppresseur (¹) de la Confédération germanique.

Et plus loin, qu'était la Prusse? Ah! qu'elle était loin de cette Prusse qui, à sa gloire et à notre honte, s'est révélée par ces deux coups foudroyants, Metz et Sedan. Ah! ce n'est pas lui que des Bismark eussent joué par dessous la jambe, comme, hélas! son pauvre neveu si laissa si pitoyablement jouer à Biarritz (²). Mais les hommes du bas empire n'avaient pas

---

» tête, qu'il en était arrivé à prendre en véritable horreur le titre de
» roi.

» Un jour, dit M. de Talleyrand, je voulus me donner le plaisir de
» mystifier Berthier, je le pris à part : Vous savez, lui dis-je, quel
» grand projet nous occupe : allez-vous-en presser le premier consul
» de prendre le titre de roi; vous lui ferez plaisir. Aussitôt Berthier,
» charmé d'avoir une occasion de parler à Bonaparte sur un sujet
» agréable, s'avance près de lui, à l'autre bout de la pièce où nous
» étions tous. Je m'éloignai un peu, parce que je prévoyais l'orage.
» Berthier commença son petit compliment; mais au mot de roi, les
» yeux de Bonaparte s'allument, il met le poing sous le menton de
» Berthier, le pousse devant lui jusqu'à la muraille : « Imbécile, dit-il,
» qui vous a conseillé de venir ainsi m'échauffer la bile? Une autre
» fois ne vous chargez plus de pareilles commissions. » Le pauvre
» Berthier me regarda tout confus qu'il était, et fut assez longtemps
» sans me pardonner cette mauvaise plaisanterie. » (*Mémoires de M*ᵐᵉ *de
Rémusat*, p. 239 et 260.)

(¹) « L'Allemagne entière a vu, à force d'intrigues, son système
» fédératif bouleversé, ses libertés envahies, les entrepôts de son
» commerce pillés et dévastés, et ses peuples désolés par une guerre
» cruelle. » (*Manifeste de la Junte espagnole*, Séville, le 1ᵉʳ janvier 1809.)

(²) « Le 30 septembre 1865, M. de Bismark, prétextant d'un voyage
» d'agrément, quitte Berlin et va passer quelques semaines à Biarritz
» auprès du *pauvre sire* qu'il veut engluer. Il insinue qu'une entente
» entre la France et la Prusse serait féconde en avantages pour les
» deux pays. L'astuce mielleuse de M. de Bismark est aux prises avec
» l'indécision rêveuse de son interlocuteur : le Méphistophélès prussien
» se fait souple, insinuant, flatteur; son insistance accompagnée de
» témoignages affectueux, ses obsessions pleines d'amabilité abou-

encore inventé l'admirable théorie des trois tronçons : on ne lui avait pas permis d'écraser le faible Danemarck, non plus que de faire son alliance avec l'Italie, et par suite, elle n'avait pu frapper le coup terrible de Sadova, et devenir, de simple État secondaire de 11 à 12 millions d'habitants, la grande et redoutable nation que nous connaissons de 40 à 45 millions d'âmes; la Prusse saignante, mutilée, était plus que jamais l'humble vaincue d'Iéna. Il la tenait sous le talon de sa botte. Mais elle se tordait : il ne fallait pas lever le pied.

Nous ne parlerons ni du Danemarck, qui ne cherchait qu'à prévenir ses désirs, ni de la Suède, qui venait d'élever à la dignité de prince royal, c'est-à-dire d'héritier présomptif à la couronne, l'un de ses principaux lieutenants, le prince de Conte-Corvo (¹), ancien général Bernadotte.

Mais il y a mieux, la Russie elle-même subissait son ascen-

» tissent au succès inespéré. Napoléon III n'a dit ni oui ni non, mais » jouant au Machiavel et se promettant de tirer profit d'une guerre » entre la Prusse et l'Autriche, de quelque côté que la victoire penche, » il a déclaré qu'il ne s'en mêlerait pas. M. de Bismark quitta Biarritz » le 7 novembre; il avait obtenu ce qu'il voulait : la neutralité de la » France. » (Hippolyte Magen, *Histoire du Second Empire*, p. 348 et 349.)

Quelques jours plus tard M. de Bismark faisait son alliance avec l'Italie.

Et le 3 juillet 1866 la Prusse gagnait la mémorable bataille de Sadowa (*Ibid.*, p. 361.)

En apprenant les résultats de cette bataille, dans toute l'Europe on disait et on répétait : « *Le véritable vaincu c'est la France. (Ibid.)*

C'est alors que M. Rouher, dans un discours au Corps législatif parla de la théorie des trois tronçons et que M. Thiers lui répondit : « Il ne vous reste plus de faute à commettre. » Et l'on sait celles que ces malheureux commirent.

(¹) « Par décret du 5 juin 1806, les duchés de Bénévent et de » Ponte-Corvo furent érigés en duchés et fiefs immédiats de l'Empire, » et nous les donnons, disait le décret, à notre grand chambellan » Talleyrand et à notre cousin le maréchal Bernadotte, pour les » récompenser des services qu'ils ont rendus à la patrie. »

Mme de Rémusat, dans ses *Mémoires*, 3e volume, page 33, ajoute :

« Bonaparte n'avait pas grand penchant pour le maréchal Bernadotte : » il est à croire qu'il se crut obligé de l'élever, parce qu'il avait » épousé la sœur de la femme de son frère Joseph (Mlle Clary, la » seconde fille du marchand de savon de Marseille) et qu'il lui parut » convenable que la sœur d'une reine (Joseph venait d'être nommé roi » de Naples) fût au moins princesse. »

dant, et les seules causes, du moins apparentes de refroidissement, n'étaient autres que les prescriptions du blocus continental, dont nous allons parler dans un instant, et la dépossession brutale de la propre sœur et du beau-frère du Czar du duché d'Oldenbourg (¹).

(¹) « Cette duchesse d'Oldenbourg, la sœur d'Alexandre, était cette » même duchesse russe qui avait refusé la main de Napoléon. » (M. de Ségur, p. 48.)

En effet, en 1807, lors de l'entrevue d'Erfuth, Napoléon, sans faire de demande formelle, parla à Alexandre de son intention d'épouser sa sœur, la grande-duchesse Catherine. Alexandre parut flatté : il répondit qu'il en parlerait à sa mère. Il lui en parla en effet, et l'impératrice mère (a), effrayée de cette demande, s'empressa de marier sa fille avec le duc d'Oldenbourg.

Napoléon trouva qu'on eût pu ménager un peu mieux son amour-propre. Mais ses dispositions n'étant pas encore bien prises pour répudier Joséphine, il dissimula ses ressentiments.

Plus tard, avant son mariage avec Marie-Louise, il fit faire, mais cette fois officiellement, la demande de la main d'une autre sœur d'Alexandre (b), la grande-duchesse Anne. La demande n'étant pas agréée, on lui fit répondre ce qu'on fait toujours répondre en pareil cas, quand on tient à rester convenable : la princesse est encore jeune.

Il sentit le trait, et s'écria : « Ah ! on ne veut pas de moi ! »

Malheureusement, le duché d'Oldenbourg, où se trouvait la première grande-duchesse russe, que Napoléon avait voulu épouser, faisait partie de la Confédération germanique dont il était le protecteur. Et quel protecteur ! Tous les États qu'il protégeait, il les considérait comme chose lui appartenant.

Obsédé par la pensée qu'on ne voulait pas de lui, et ne se contenant plus, ses ressentiments éclatent.

Il chasse violemment, brutalement, le duc et la duchesse d'Oldenbourg de leur duché.

Le contre-coup de ce procédé se fit aussitôt sentir, non seulement à Saint-Pétersbourg, mais dans toute la Russie.

Alexandre, tout en recommandant le calme autour de lui, disait avec douleur :

« Ah ! je vois bien que Napoléon veut la guerre ! »

Que Napoléon voulût la guerre, c'est incontestable ;

Que, d'un autre côté, cette déplorable affaire du duché d'Oldenbourg n'ait pas été la principale cause, la cause déterminante de la guerre, c'est possible.

(a) « M. de Talleyrand, dit Mme de Rémusat dans ses *Mémoires*, 3e vol. page 306, » savait que l'impératrice mère en Russie ne partageait point les illusions du Czar, » et qu'elle se refuserait à nous donner une de ses filles pour impératrice. »

(b) « Depuis la séparation avec Joséphine, on traitait avec l'empereur de Russie, » pour une de ses sœurs. » (*Mémorial de Sainte-Hélène*, p. 383.)

Ainsi, sauf l'Angleterre, qui, seule, osait lui tenir tête, tous les États de l'Europe gravitaient autour de lui.

Sa santé ne laissait rien à désirer (¹).

Né le 15 août 1769, il était dans toute la force de l'âge (²) : il avait quarante et quelques années à peine.

Mais on ne saurait contester qu'elle n'ait beaucoup contribué à la faire éclater, et, par suite, qu'on ne puisse s'écrier avec lui, dans son *Histoire de la Corse*, alors qu'il n'était que lieutenant en second au régiment de la Fère : « Quel malheur pour des peuples quand ils se » trouvent dans la déplorable situation de se faire tuer pour des » querelles de famille ! » (Jung, p. 39), c'est-à-dire pour venger les blessures faites à l'amour-propre de leurs princes.

On me dira qu'il est des princes qui ne laissent pas que d'être très utiles aux peuples, surtout quand ces princes sont des empereurs, car les empereurs savent se battre.

Hélas ! si nous en jugeons par ce que nous avons vu à Sedan, nous pouvons bien dire qu'ils ont, eux aussi, leurs mauvais moments, et même quand ils sont dans leurs meilleurs, quand ils se battent bien, c'est toujours sur notre dos.

(¹) « Sa santé (de Napoléon) était bonne, sa constitution forte; quand » il était atteint dequelque dérangement, il se montrait assez susceptible » d'inquiétude. Une légère humeur dartreuse le tourmentait de temps » en temps, et il se plaignait un peu du foie. Il mangeait sobrement, » ne buvait guère, ne faisait d'excès d'aucun genre. Il prenait beaucoup » de café. » (Mᵐᵉ de Rémusat, 2ᵉ vol., p. 336.)

« Dans la campagne de Russie, dit M. de Ségur, son obésité com- » mençait à le gêner, il montait peu à cheval, et allait presque toujours » en voiture. C'est là, dit-il, une des principales causes de l'insuccès » de cette campagne... »

(²) Napoléon est-il né à Ajaccio le 15 août 1769, comme on l'a cru pendant longtemps, ou bien est-il né à Corte le 7 janvier 1768, comme des pièces authentiques, récemment découvertes, semblent l'établir?

« Tout compte fait, dit M. Jung (*Bonaparte et son temps*, p. 47), on » trouve cinq pièces témoignant de la naissance de Napoléon à Corte » le 7 janvier 1768, et une seule fixant la date au 15 août 1769. »

Dans ce dernier cas, ce serait seulement deux mois après la soumission de la Corse; car, après avoir résisté à tous les efforts des Génois, — lesquels, sentant leur impuissance, avaient mieux aimé nous vendre l'île que d'en reconnaître l'indépendance, — après avoir résisté à tous les efforts des Génois, le célèbre Paoli et ses intrépides compagnons avaient fini par succomber sous l'accablement des forces que nous faisions venir du continent; ce serait, disons-nous, deux mois seulement après la soumission de la Corse que la femme de Charles Bonaparte. Lœtitia Ramolini ou Ramolino, aurait mis au monde celui qui devait si cruellement venger ses compatriotes en nous imposant un joug autrement lourd que celui sous lequel M. de Choiseul, alors notre premier ministre, avait songé à soumettre les patriotes Corses.

Son esprit n'avait jamais brillé d'un plus vif. éclat (¹).

Quant à son génie?

Après les manifestations de Marengo, d'Austerlitz, d'Iéna, de Friedland, qu'aurait-on pu lui comparer?

Ainsi, gloire, bonheur domestique, puissance, santé, force physique, beauté même, esprit, génie, il avait tout (²).

Le 12 juin 1789 (il aurait eu alors vingt ans) Napoléon qui était, à cette époque, grand admirateur de Paoli, lui écrivait d'Auxonne :

« Je naquis quand la patrie périssait. Trente mille Français, vomis
» sur nos côtes, noyant le trône de la liberté dans des flots de sang,
» tel fut le spectacle odieux qui vint le premier frapper mes regards.
» Les cris du mourant, les gémissements de l'opprimé, les larmes du
» désespoir environnèrent mon berceau dès ma naissance. » (Jung, p. 47.)

Voici ce que dit M. Gallais, à la page 33 de son *Histoire du 18 Brumaire :*

« Napoléon naquit en Corse le 15 août 1769. Nous n'ignorons pas
» que cette date est contestée et postérieure, dit-on, de dix-huit mois à
» celle de sa naissance. Pourquoi se rajeunissait-il de dix-huit mois ?
» Pour se donner un air Français, attendu qu'en 1767 la Corse n'était
» pas encore réunie à la France. Cette raison nous paraît bien légère
» pour motiver un faux ; mais pour un homme qui, pendant toute sa
» vie, s'est fait un jeu de la foi publique et des lois les plus respectées
» parmi les hommes, un faux de plus ou de moins n'est qu'une goutte
» d'eau dans l'Océan. »

(¹) Après une admirable dissertation sur la guerre, voici les traits qui échappaient à son esprit, dans sa conférence avec le prince Kourakin, ambassadeur de Russie :

« J'ai six cent mille hommes à vous opposer, j'en ai quatre cent mille
» en Espagne, je sais mon métier, jusqu'ici vous ne m'avez pas vaincu,
» et, Dieu aidant, j'espère que vous ne me vaincrez jamais..... Mais
» vous aimez mieux écouter les Anglais qui vous disent que je veux
» vous faire la guerre ; vous aimez mieux vous en rapporter à quelques
» contrebandiers que vos mesures commerciales enrichissent, et vous
» vous mettez à armer ; je suis bien obligé d'armer de mon côté, et nous
» voilà encore face à face, prêts à recommencer..... Vous êtes comme
» un lièvre qui, recevant du plomb dans la queue, se lève sur ses
» pattes pour regarder et s'expose à en recevoir à la tête..... Moi, je
» suis défiant comme l'homme de la nature..... j'observe..... je vois
» qu'on se dirige de mon côté, je me défie, je mets la main sur mes
» armes.... Il faut pourtant que cette situation ait un terme. » (Thiers, t. XIII, p. 186 et 187.)

(²) Nous croyons devoir donner ici un portrait ou croquis de Napoléon, rapporté par Henri Beyle, très connu sous le pseudonyme de Stendhal, l'un de ses grands admirateurs, l'un de ses amis sincères, qui a eu l'occasion de l'entrevoir, comme il le dit dans sa *Vie de Napoléon*, « à Saint-Cloud, à Marengo, à Moscou ; qui, de 1806 à 1814,

Qu'est-ce donc, quand la fortune avait si bien versé sur lui ses dons à pleines mains, qu'est-ce donc qui aurait pu lui manquer encore?

Lamartine, Messieurs, qui se connaissait en hommes, et qui appelé à le juger a pu, sans se laisser éblouir, fouiller jusque dans ses plus secrets replis, Lamartine nous l'a dit :

Rien d'humain ne battait sous son épaisse armure.

Voilà ce qui lui manquait, ce qui bat sous l'armure ou plutôt dans la poitrine de tous les hommes : il lui manquait du cœur (¹).

» a passé une partie de son temps attaché à sa cour, et qu'il voyait » deux ou trois fois la semaine. » — Il est vrai qu'il dit de lui : « Depuis qu'il s'est fait empereur, il n'a pas passé un jour sans » mentir : c'était dans les exigences de sa situation. » — Il faut convenir que Napoléon III a admirablement suivi la tradition de ces exigences-là, car lord Cowley, ambassadeur d'Angleterre à Paris, disait de lui : « Il parle peu, mais il ment toujours. » — Ce portrait ou croquis paraît avoir été esquissé par une dame qui fréquentait, en 1795 (Napoléon avait, à cette époque, de vingt-cinq à vingt-six ans) les mêmes salons que le général Bonaparte.

« C'était bien l'être le plus maigre et le plus singulier que de ma » vie j'eusse rencontré. Suivant la mode du temps, il portait des » oreilles de chien immenses, et qui descendaient jusque sur les » épaules. Le regard singulier et souvent un peu sombre des Italiens » ne va point avec cette prodigalité de chevelure. Au lieu d'avoir » l'idée d'un homme d'esprit rempli de feu, on passe trop facilement » à celle d'un homme qu'il ne ferait pas bon rencontrer, le soir, auprès » d'un bois.

» La mise du général Bonaparte n'était pas faite pour rassurer. La » redingote qu'il portait était tellement rapée, il avait l'air si *minable* » que j'eus peine à croire d'abord que cet homme fût un général. Mais » je crus sur-le-champ que c'était un homme d'esprit, ou, du moins, » fort singulier. Je me rappelle que je trouvai que son regard ressem- » blait à celui de Jean-Jacques Rousseau, que je connaissais par » l'excellent portrait de Latour, que je voyais alors chez M. N... »

(¹) « ... Je devrais maintenant parler du cœur de Bonaparte. Mais » s'il était possible de croire qu'un être, sur tout autre point semblable » à nous, fût cependant privé de cette portion de notre organisation » qui nous donne le besoin d'aimer et d'être aimés, je dirais qu'à » l'instant de sa création, son cœur pourrait fort bien avoir été » oublié, ou bien peut-être était-il venu à bout de le comprimer » complètement. Il s'est toujours fait trop de bruit à lui-même pour » être arrêté par un sentiment affectueux, quel qu'il fût. Il ignore, à » peu près, les liens du rang, les droits de la nature; je ne sais même

Avec du cœur, il se fût complu à vivre au milieu d'un peuple
heureux, il le fût devenu lui-même, et il n'eût pas refusé à

» si la paternité n'eût pas échoué devant lui. Il semblerait du moins
» qu'elle ne lui apparaissait point comme la première de ses relations
» avec son fils.

» Un jour, à son déjeuner, pendant lequel il avait admis Talma, ce
» qui lui arrivait assez fréquemment, on lui amena le jeune Napo-
» léon » (fils de son frère Louis et d'Hortense, la fille de l'impératrice
Joséphine ; il l'avait adopté). « L'empereur le prend sur ses genoux,
» et, loin de lui faire aucune caresse, il s'amuse à le frapper, mais à
» la vérité légèrement ; puis, se retournant vers Talma : — « Talma,
» lui dit-il, dites-moi ce que je fais là ? — Talma, comme on le pense
» bien, était un peu embarrassé de sa réponse. — Vous ne le voyez
» pas ? répond l'empereur : je fouette un roi ! » (*Mémoires de M*^{me} *de
Rémusat,* p. 110, t. III, 1er vol.)

Nous devons, à ce propos, rappeler un fait assez curieux.

Napoléon avait une mémoire prodigieuse lorsqu'il s'agissait de
ses intérêts ou des effets qu'il voulait produire.

Ainsi, lors de la campagne de 1805, qui aboutit à la bataille
d'Austerlitz, il alla rejoindre l'armée sur le Rhin et la passa aussitôt
en revue. Il y avait là un grand nombre de soldats qui ne l'avaient
pas vu depuis plusieurs années. Sa présence excita un enthousiasme
extraordinaire. Mais l'enthousiasme redoubla lorsqu'on le vit descendre
de cheval, prendre, selon sa coutume, par la moustache, plusieurs
grenadiers, les interpeller par leurs noms, les tutoyer et leur rappeler
toutes leurs campagnes.

Et, chose étrange, chez lui, il ne se rappelait qu'avec peine le nom
de beaucoup de personnes, qu'il voyait souvent, presque tous les jours
et qui faisaient même partie de sa cour.

« Quand il approchait, » dit Mme de Rémusat, dans le 2me volume
de ses *Mémoires,* page 77, « il se faisait un grand silence, on demeu-
» rait sans bouger, les femmes se relevaient et attendaient les paroles,
» assez insignifiantes et assez souvent peu obligeantes, qu'il allait
» leur adresser. Il ne se souvenait jamais d'un nom, et presque
» toujours, la première question était : « Comment vous appelez-
» vous ? » Il n'y avait pas une femme qui ne fût charmée de le voir
» s'éloigner de la place où elle était.

» Ceci me rappelle, poursuit l'auteur des *Mémoires,* une assez jolie
» anecdote relative à Grétry. Comme membre de l'Institut il se rendait
» souvent aux audiences du dimanche, et il était arrivé déjà plus
» d'une fois à l'empereur, qui s'était accoutumé à reconnaître son
» visage, de s'approcher de lui presque machinalement en lui deman-
» dant son nom. Un jour, Grétry, fatigué de cette éternelle question, et
» peut-être un peu blessé de n'avoir pas produit un souvenir plus
» durable, à l'instant où l'empereur lui disait, avec la brusquerie
» ordinaire de son interrogation : — « Et vous, qui êtes-vous donc ? »
» — Grétry répondit avec un peu d'impatience : « — Sire, toujours
» Grétry. » Depuis ce temps l'empereur le reconnut parfaitement. ›

ce peuple les deux seuls moyens de le devenir, la paix et la liberté.

Oui, c'est parce que ce sentiment qui nous fait trouver notre bonheur dans le bonheur des autres, qui nous fait souffrir de leurs souffrances, c'est parce que ce sentiment lui a manqué (¹), qu'il en est arrivé d'aventures en aventures, de coups de tête en coups de tête, à cette expédition gigantesque et folle qui a si cruellement châtié son orgueil, et qui va faire le sujet de nos conférences.

Mais avant de le suivre dans cette expédition aventureuse, avant de nous enfoncer avec lui dans les profondeurs de la Russie, permettez-moi, Messieurs, encore quelques mots sur l'état des esprits en Europe au moment de son départ.

Nous venons de voir l'Europe entière, l'Angleterre seule exceptée, ou pliée sous la domination de Napoléon ou subissant son ascendant.

Mais c'était là un effet de la force, de la puissance de cet homme extraordinaire et non de l'affection des peuples. Tout autres étaient, malheureusement pour nous, les sentiments que nous inspirions.

(¹) Voici ce que dit Mme de Rémusat, dans ses *Mémoires*, 3e volume, page 332, à propos d'un bal paré et masqué qui eut lieu en 1808, auquel assista Napoléon.

« Les hommes portaient un domino, les femmes un élégant costume,
» et le plaisir de ce déguisement était à peu près le seul qu'elles
» apportassent dans ces assemblées où l'on savait que l'Empereur
» était présent, et où la crainte de le rencontrer imposait un peu
» silence. Pour lui, masqué jusqu'aux dents, assez facilement reconnu
» cependant par sa tournure particulière dont il ne pouvait se défaire,
» il parcourait les appartements ordinairement appuyé sur le bras de
» Duroc. Il attaquait lestement les femmes avec assez peu de décence
» dans les propos, et, s'il était attaqué lui-même, et ne reconnaissait
» pas tout de suite qui lui parlait, il finissait par arracher le masque,
» découvrant ce qu'il était par cet acte impoli de sa puissance. Il avait
» aussi grand plaisir à se servir de son déguisement pour aller
» tourmenter certains maris par des anecdotes, vraies ou fausses, sur
» leurs femmes. S'il apprenait que ces révélations avaient quelques
» suites, il s'en irritait après, car il ne voulait pas même que les actes
» de mécontentement qu'il avait excités fussent indépendants de lui.
» Il faut le dire, parce que cela est vrai, il y a dans Bonaparte une
» certaine mauvaise nature innée, qui a particulièrement le goût du
» mal dans les grandes choses comme dans les petites. »

Et en effet : en Italie, si nous en croyons la correspondance de la plupart des officiers qui faisaient partie de l'armée d'occupation que nous y avions à cette époque, si nous en croyons notamment celle du plus célèbre d'entre eux, celle de Paul-Louis Courier, nous voyons que les esprits y étaient animés à un tel point contre nous (¹) que nos soldats ne pou-

(¹) « Dites, » écrivait Paul-Louis Courier, à son ami Chlewastii, « dites à ceux qui veulent voir Rome qu'ils se hâtent, car, chaque » jour, le fer du soldat et la serre des agents français flétrissent sa » beauté naturelle et la déparent de sa parure..... Je ne sais point » d'expression assez triste pour vous dépeindre l'état de délabrement » où est cette pauvre Rome que vous avez vue si pompeuse, et de » laquelle on détruit à présent jusqu'aux ruines. Il n'y reste plus que » ceux qui n'ont pu fuir, ou qui, le 'poignard à la main, cherchent » encore, dans les haillons d'un peuple mourant de faim, quelque » pièce échappée à tant d'extorsions et de rapines. ».............
....
« Et cependant, » dit Armand Carrel dans sa préface des Œuvres de Courier, « celui qui dans sa droiture naturelle jugeait si bien » d'illustres pillages, sur lesquels la France n'a ouvert les yeux que » lorsque, vaincue, on la paya de représailles, l'homme qui écrivait et » qui pensait ainsi, était exposé chaque jour, de sa vie, à périr obscu- » rément sous le poignard italien, victime privée de la haine qu'inspi- » rent les Français. Il y songeait à peine. » ....
....
« Courier, » dit encore Armand Carrel, « faillit être mis en pièces » lorsque les Français furent obligés d'abandonner Rome. Sa division » capitula et dut être embarquée et transportée en France. Courier » voulut dire un dernier adieu à la bibliothèque du Vatican ; il oublia » l'heure marquée pour le départ de la division, et, lorsqu'il en sortit, » il n'y avait déjà plus un Français dans Rome. C'était le soir : on le » reconnut, à la clarté d'une lampe allumée devant une Madone. On » cria sur lui au jacobino : un coup de fusil, tiré sur lui, tua une » femme, et, à la faveur du tumulte que cela causa, il parvint à gagner » le palais d'un noble romain qui l'aimait et qui l'aida à fuir. » (Armand Carrel, préface des Lettres de Paul-Louis Courier.) « Les Italiens ne tardèrent pas à s'apercevoir que la conquête les » avait rangés sous un maître. Ils entretenaient chez eux et à leurs » frais une armée étrangère. Dans tout ce qu'on exigeait d'eux, on » avait bien moins égard à leurs intérêts qu'à l'avantage du grand » empire, avantage qui bientôt fut concentré dans le succès des projets » ambitieux d'un seul homme qui, sans réserve, arracha à l'Italie » tous les sacrifices qu'il n'eût pas tout à fait osé imposer à la France. » Souvent le vice-roi (prince Eugène) réclama quelque adoucissement » pour les Italiens, mais rarement il fut écouté... Et à la fin les ordres » comme les besoins de Bonaparte devenant de plus en plus impérieux, » ce peuple trop opprimé n'eut plus la force de demeurer équitable, et

vaient s'écarter isolément de leur garnison sans s'exposer à être traîtreusement et mortellement frappés.

En Espagne, c'était non seulement pire, mais bien autrement terrible. Une explosion de colère provoquée par la perfidie avec laquelle nous avions fait main-basse sur ce malheureux pays avait fait éclater un soulèvement universel (¹). Et depuis, le sol n'y était plus couvert que de bandes de guérilleros, grâce auxquelles Wellington, à la tête de 50,000 Anglais, tenait en échec 300,000, — Napoléon disait même au prince Kourakin, ambassadeur de Russie, 400,000 — (²) et 400,000 de nos meilleurs soldats.

En Prusse et dans tout le reste de l'Allemagne, le sol n'y était pas couvert de bandes de guérilleros, mais de sociétés secrètes, composées, dit M. de Ségur, de tout ce qu'il y avait de forces vives, de la jeunesse notamment, qu'exaltait une éducation patriotique (³), libérale et mystique.

» enveloppa tous les Français, le prince Eugène en tête, dans l'ani-
» madversion qu'il vouait à l'Empereur. » (*Mémoires de Mme de Rémusat*, 3e vol., p. 14 et 15.)

(¹) « La résolution héroïque et désespérée qui s'empara des Espa-
» gnols, à la nouvelle des événements de Bayonne, eut toute la sou-
» daineté d'une explosion : il fallut toutefois au soulèvement quelques
» jours pour s'organiser. Ce fut, en général, du 24 au 30 mai 1808
» qu'il éclata, et, presque partout avec des circonstances analogues.
» Le signal ne partit ni de la ville ni des campagnes : il fut donné sur
» tous les points à la fois. Dans les hameaux, dans les villages, sur
» les routes, des hommes, obéissant à la même pensée, se réunissent
» spontanément; ils marchent ensemble, au chef-lieu ou à la capitale
» de la province; ils en trouvent les habitants déjà soulevés ou prêts à
» se révolter; ils déposent les autorités hésitantes ou suspectes,
» nomment des juntes insurrectionnelles, s'emparent des arsenaux et
» arment les populations, après avoir fait décréter les levées en masse.
» Partout les contributions volontaires affluent dans les caisses du
» nouveau gouvernement, et tous les hommes en état de porter les
» armes s'enrôlent sous sa bannière, nobles, paysans, bourgeois, moines,
» prêtres, soldats, toutes les classes luttent de zèle et d'émulation... »
(Lanfrey, *Histoire de Napoléon Ier*, 5e éd., t. IV, p. 303.)

(²) Napoléon disait au prince Kourakin « J'ai 600,000 hommes à
» vous opposer, *j'en ai 400,000 en Espagne.* »

(³) « Vous êtes opprimés, » disait le baron Stein, à ses jeunes
compatriotes, « mais vous n'êtes ni avilis, ni abâtardis; quoique
» presque *tous vos princes aient trahi la cause de la patrie* au lieu de
» verser leur sang pour elle; quoique un grand nombre de votre

Ces sociétés avaient comme un foyer (¹), qui répandait ses feux, non seulement dans toute l'Allemagne, mais en Italie (²) et jusqu'en Autriche, où, il faut bien le dire, il n'y avait qu'un cri contre tous ceux qui osaient se dire partisans de l'alliance française (³).

Mais où ces feux menaçaient de tout embraser, c'est sur le littoral, sur le bord de la mer, des premiers points de la Hollande (⁴) jusqu'aux dernières limites du Danemarck.

» noblesse, de vos employés prête son ministère pour la perdre. Quittez » les drapeaux de l'esclavage et de l'ignominie : réunissez-vous sous » les bannières de la patrie et de l'honneur national... » (Jung, *Bonaparte et son temps*, p. 315.)

(¹) « Ce foyer c'était la Société des amis de la vertu. Déjà, vers le » 31 mai 1807, trois entreprises, celles de Katt, de Damberg et de » Schill avaient signalé son existence. Celle du duc Guillaume com- » mença le 14 mai. Les Autrichiens la soutinrent d'abord. Après des » fortunes diverses, ce chef, abandonné à lui-même au milieu de » l'Europe soumise, et seul avec deux mille hommes contre toute la » puissance de Napoléon, ne céda pas, il lui tint tête : il se jeta sur la » Saxe et sur le Hanovre; mais n'ayant pu les soulever, il se fit jour » à travers plusieurs corps français qu'il battit, joignit la mer à » Elsfleth, et s'échappa du continent sur des vaisseaux qui l'atten- » daient là pour recueillir sa haine et la gloire qu'il venait d'acquérir. » (M. de Ségur, 1ᵉʳ vol., p. 19.)

(²) « Napoléon s'écriait en parlant du roi de Prusse : Se peut-il que » j'aie laissé à cet homme tant de pays...

» ... C'est que vraisemblablement il ne pardonnait pas à la Prusse » la protection d'Alexandre Iᵉʳ, :: la haïssait s'y sentant haï. Déjà l'on » avait pu voir que, si les circonstances nous devenaient contraires, » les hommes ne manqueraient pas pour la seconder. En 1809, même » avant le malheur d'Eslingen, c'étaient des Prussiens qui les premiers » avaient osé lever, contre Napoléon, l'étendard de l'indépendance. Il » les avait fait jeter dans les fers destinés aux galériens, tant ce cri de » révolte, qui répondait à celui des Espagnols, et pouvait devenir » général, lui avait paru important à étouffer. » (M. de Ségur, 1ᵉʳ vol., p. 17, 18, 19 et 20.)

(³) Depuis le mariage de Marie-Louise avec Napoléon, le ministre dirigeant, M. de Metternich, et l'empereur François-Joseph entrete- naient avec nous des rapports affectueux en apparence, mais qui, en réalité, tenaient moins d'une affection sincère que du sentiment qu'on avait de nos forces et qui ne faisaient que trop pressentir combien facilement on saurait passer par-dessus tous les liens de parenté si ces forces venaient à nous manquer. (Voir M. Thiers.)

(⁴) « Le maréchal Mortier soumit la ville de Hambourg le 19 octo- » bre 1806, et le séquestre fut mis sévèrement sur l'immense quantité » de marchandises anglaises qui s'y trouvaient. On fit partir de Paris

Les populations de ce sol marécageux, stérile ne pouvaient vivre, et n'avaient jamais vécu que d'échanges, de navigation, de commerce maritime, et forcées d'observer, dans toute leur rigueur, les prescriptions du blocus continental, elles étaient tombées dans un état affreux de détresse (¹).

Et cet état était encore aggravé par tout ce que commettaient d'exactions et de déprédations, nos troupes, nos douaniers, nos gendarmes (²).

» un assez bon nombre de jeunes auditeurs au Conseil d'État, tels que » MM. d'Houdetot, de Tournon et autres, qui furent créés intendants de » Berlin, de Beyreuth et d'autres villes. A l'aide de ces jeunes et » actifs proconsuls, les États conquis se trouvaient, sur-le-champ, » administrés au profit du vainqueur, et la victoire était suivie immé- » diatement d'une organisation qui la mettait sur-le-champ à profit. » (*Mémoires de Mᵐᵉ de Rémusat*, 3ᵉ vol. p. 97.)

(¹) Au moment de la campagne de Prusse, en octobre 1806, Louis Bonaparte venait d'être nommé roi de Hollande : « Il revint à la Haye, » pour assembler les États, et leur demander une loi qui ordonnât » le payement par anticipation d'une année de l'impôt territorial. » Après avoir obtenu cette loi, il alla porter son quartier général sur » les frontières de son royaume. Ainsi les Hollandais, à qui on avait » annoncé une belle suite de prospérités, pour récompense du sacrifice » de leur liberté, se voyaient frappés, dès la première année, de la » crainte de la guerre, d'un doublement d'impôts, et du blocus conti-. » nental, qui neutralisait leur commerce. » (*Mémoires de Mᵐᵉ de Rémusat*, 3ᵉ vol., p. 71.)

(²) « L'insurrection est aussi la seule ressource qui reste à la » Hollande pour se soustraire à l'humiliation et à la misère où elle » se voit plongée, étant sans navigation, sans commerce, sans colo- » nies, dépouillée de sa constitution et de ses lois, et forcée d'obéir » et de donner le titre de roi à un idiot (Louis Bonaparte, le père » de Napoléon III), sans puissance, sans volonté et sans gloire. » (*Manifeste de la Junte de Séville*, 1ᵉʳ janvier 1809.)

A l'époque dont nous parlons, au moment de la guerre de Russie, Louis avait abdiqué.

Voici ce que Mᵐᵉ de Rémusat dit de ce prince, 2ᵉ volume (*Mémoires*), pages 304 et 305.

« Louis Bonaparte avait une fort mauvaise santé. Depuis son retour » d'Égypte, il était rongé par un mal inconnu, se manifestant par » de fréquentes attaques, qui avaient particulièrement affaibli si bien » ses jambes et ses mains, qu'il marchait avec quelque difficulté, » et qu'il était gêné dans toutes ses articulations. La médecine épuisa » infructueusement pour lui toutes ses ressources. Corvisart, médecin » de toute la famille, lui conseilla enfin de tenter un dernier essai, » quelque dégoûtant qu'il fut. Il supposa que, peut-être, une forte » éruption appelée à la peau dégagerait l'âcreté cachée qui échappait

Et, chose assez bizarre, de l'autre côté de cette petite mer, qu'on appelle le Sund, dans cette pointe de terre qui semble se détacher du continent, en Suède, les populations, privées de notre protection, — car les nombreuses croisières anglaises qui sillonnaient ces mers étaient pour nous comme autant de murailles de la Chine; — les populations de cette terre presque insulaire étaient entrées dans une voie de prospérité inouïe : elles s'enrichissaient de l'appauvrissement de celles de ce côté-ci de la mer. Et, chose non moins bizarre, elles observaient ouvertement, ostensiblement, et avec rigueur, les prescriptions du blocus : tous leurs ports étaient hermétiquement fermés aux navires des nations que Napoléon avait frappées d'interdit. Seulement, à trois ou quatre lieues de ces ports, à droite et à gauche, sur le littoral, les plages étaient encombrées de tentes en si grandes quantités qu'on eût dit de grandes, d'immenses cités, et jusqu'à trois et quatre lieues du rivage, aussi loin que la vue pouvait s'étendre, on voyait les flots couverts d'innombrables navires, qui, accourus de tous les points du globe, venaient faire l'échange de produits, de denrées, de marchandises de toutes sortes. C'était leur chef, le prince royal, notre Bernadotte, qui avait mis tout cela en œuvre, qui avait donné aux choses cet essor inouï de prospérité. Esprit vaste et profondément pénétrant, dès les premiers instants, la

---

» à tous les remèdes. On se détermina donc à porter, sous le dais
» brodé qui couronnait le lit du prince Louis, les draps enlevés à
» un galeux de l'hôpital; et son altesse impériale fut obligée de s'en
» envelopper, et même de revêtir la chemise de ce malade. Louis,
» qui voulait cacher à tout le monde l'essai qu'il faisait, exigea que
» rien ne fût changé dans ses habitudes avec sa femme. Il était
» accoutumé à coucher dans la même chambre, sans occuper le même
» lit; il avait toujours voulu qu'elle passât les nuits près de lui,
» sur un petit lit dressé sous les mêmes rideaux. Il ordonna, très
» impérativement, que cet usage se continuât, ajoutant, dans sa dure
» et bizarre jalousie, qu'un mari ne devait jamais se départir des
» précautions qui l'empêchaient d'abandonner une femme à son
» inconstance naturelle. Mme Louis, malade elle-même, et malgré ce
» dégoût naturel qu'elle éprouvait, se soumit, et garda le silence sur
» ce nouvel abus du pouvoir conjugal. » (L'ex-roi de Hollande et sa
femme la reine Hortense vécurent cependant encore assez longtemps
tous deux; la reine Hortense mourut le 3 octobre 1837 et son mari
le 25 juillet 1846, à Florence.)

politique de Napoléon lui était apparue dans toute sa sombre grandeur, et il y avait été résolument hostile (¹). Mais ce qu'il avait tenu à écarter comme un véritable fléau de sa nouvelle patrie, c'est ce blocus continental, source de tant de misères et de malheurs. Et puis, il faut bien le dire, il y avait entre ces deux hommes, entre Bernadotte et Napoléon, de véritables sentiments d'inimitié, sentiments qui s'étaient manifestés, ou plutôt qui avaient éclaté avec la plus extrême vivacité, tout récemment, à l'occasion de l'élévation de Bernadotte, élévation qui avait été combinée (²), mise en œuvre, accomplie même, non seulement contre les vœux, mais presque à l'insu de Napoléon, car il n'en avait été informé que lorsqu'il ne dépendait plus de lui de l'empêcher. Mais ces sentiments avaient acquis toute leur intensité lors de la déplorable et malheureuse journée du 18 brumaire.

La veille de cette journée néfaste, Bernadotte, qui passait, avec raison, pour l'un des officiers les plus distingués de l'armée du Rhin, qui avait été, et qui était encore ministre de la guerre, qui, grâce à sa conduite absolument irréprochable, non moins qu'à la sagesse et à la fermeté de ses convictions, jouissait de l'estime et de la considération publiques, Bernadotte avait été appelé dans la soirée chez le général Bonaparte.

Et là, ce dernier, entouré de toutes les célébrités militaires de l'époque, et notamment de Moreau, de Murat, de Lannes, d'Augereau, de Lefèbre, et de bien d'autres encore, tous alors guerriers sans peur et sans tache, et qui, depuis, sinon tous,

---

(¹) « Un prince courageux refuse fièrement, dans le Nord, le vasse-
» lage que le tyran exige de toutes les têtes couronnées, et soutient
» l'honneur et la liberté de la Suède, dans une guerre injuste et révol-
» tante que les artifices de Napoléon lui ont suscitée. » (*Manifeste de la
Junte espagnole siégeant à Séville.*)

(²) « Après la prise de Lubeck (suite de la bataille d'Iéna, qui eut
lieu le 14 octobre 1806), le maréchal Bernadotte y demeura quelque
» temps en qualité de gouverneur, et ce fut à cette époque qu'il jeta
» les fondements de son élévation future. Il montra une équité et
» un grand sens, pour adoucir les plaies que la guerre avait faites
» autour de lui ; il maintint son armée dans une exacte discipline ;
» il séduisit, il consola par la douceur de ses manières et il laissa
» dans cette contrée une profonde admiration, et un véritable attache-
» ment pour lui. » (M*ᵐᵉ* de Rémusat, *Mémoires*, 3ᵉ vol., p. 84 et 85.)

du moins le plus grand nombre, et les meilleurs, ont plus d'une fois senti la rougeur leur monter au front à la pensée qu'ils avaient pu, eux, les chefs de ces soldats qui, *sourds aux lâches alarmes, savaient marcher pieds nus, sans pain* (¹), — qu'ils avaient pu, eux, les chefs de soldats pareils, se laisser assimiler à ces héros que Lesage, dans son immortel *Gil Blas,* place dans des cavernes, héros qui eux, aussi, pleins entre eux d'urbanité et d'aménité, avaient su, dans une admirable organisation, instituer une légalité qui légitimait et les guet-apens et leurs attributions dans les dépouilles. C'est entouré de ces célébrités que Bonaparte accueillit Bernadotte et lui proposa la seconde place dans le nouveau gouvernement s'il voulait, le lendemain, marcher à ses côtés contre la représentation nationale.

Non seulement l'offre fut déclinée, et déclinée avec non moins de répulsion que d'honneur, mais, malgré tout ce qu'avait d'imposant, ou plutôt de menaçant le cortège dont le futur César avait cru devoir s'entourer, Bernadotte (²) ne craignit pas de laisser éclater son indignation. « Ce que vous vous » proposez de faire là, » s'écria-t-il, « est une chose non » seulement mauvaise, malhonnête, mais déshonorante et » criminelle. Je vais vous dénoncer à la vindicte publique, et, » avec tout ce qu'il y a d'honnêtes gens, de bons citoyens, » déployer tout ce que le ciel m'a départi d'énergie pour vous » arrêter dans vos criminels desseins. »

Et le lendemain, malgré la défection de hauts et puissants personnages, sur la fidélité desquels Bernadotte avait cru pouvoir compter, Bonaparte apprit que, tandis qu'éclataient contre lui, à l'assemblée des Cinq-Cents, les cris de « mise hors

---

(¹) Béranger.

(²) « Moreau et plusieurs généraux, soit entraînement, soit surprise, » avaient coopéré au 18 brumaire : ils s'en repentaient. Bernadotte s'y » était refusé. Seul, la nuit, chez Napoléon, au milieu de mille officiers » dévoués, qui attendaient les ordres de ce conquérant, Bernadotte, » alors républicain, avait osé résister à ses raisonnements, refuser la » seconde place de la République et répondre à sa colère par des » menaces. Napoléon le vit sortir fièrement et traverser la foule de ses » partisans, emportant ses révélations, et se déclarant son adversaire » et même son ennemi. » (M. de Ségur, 1ᵉʳ vol., p. 42.)

la loi » et de « à bas le bandit! » il avait tenu à bien peu que Bernadotte, à la tête de quelques soldats fidèles à la loi, ne vînt se mettre en travers de la conspiration et la faire avorter.

Et, de son côté, Bernadotte fut également bientôt informé qu'il n'avait dû, après le succès de la conspiration, qu'aux pressantes instances de son beau-frère, le propre frère de Napoléon, Joseph Bonaparte, — ils avaient épousé, Joseph et Bernadotte, les deux filles du marchand de savon de Marseille, du citoyen Clary, comme on l'appelait alors; — qu'il n'avait dû qu'aux pressantes instances de son beau-frère Joseph Bonaparte, de n'être pas envoyé à Sinamarie, où l'on déportait tous ceux dont on voulait se débarrasser par une mort lente quelquefois, mais sûre néanmoins et toujours sans éclat.

Mais ce qu'il y a de vraiment étrange dans ces dispositions des esprits en Europe, c'est que les Russes, que nous nous disposions à combattre, avec lesquels nous avions été déjà plusieurs fois en guerre depuis le commencement du siècle, mais chez lesquels nous n'avions pas encore porté ce terrible fléau, c'est que les Russes étaient encore, de tous les peuples d'Europe, ceux où nous étions, sinon le plus aimés, au moins le moins détestés.

Aussi ne voulaient-ils pas la guerre.

Alexandre n'avait cessé de le dire à notre ambassadeur, M. de Caulincourt, et il ne cessait de le répéter au successeur de ce dernier, M. de Lauriston :

« Mais dites donc à Napoléon ([1]) que nous ne voulons pas la
» guerre, que nous n'avons pour lui en Russie et la vaillante
» nation française, que d'excellents sentiments; que le grief de
» la dépossession du duc et de la duchesse d'Oldenbourg n'est
» pas assez grave pour que nous en venions à nous couper la
» gorge; qu'il nous suffit de la plus insignifiante indemnité
» pour calmer les susceptibilités nationales.

» Quant aux infractions au blocus continental, assurez-le
» que nous ne permettons que celles qui nous sont absolument

([1]) Thiers.

» indispensables pour ne pas laisser périr d'inanition notre
» commerce et notre industrie. »

En France, à part quelques enthousiastes et un plus grand
nombre d'intéressés, — car la guerre, qui n'est jamais qu'une
calamité publique (¹), ne laisse pas que de faire les affaires
d'un certain nombre de privilégiés, — à part ces deux catégo-
ries, en France, les esprits n'y étaient peut-être pas irrités,
exaspérés comme partout ailleurs, mais ils y étaient tristes,
inquiets, assombris par la misère (²), et par tout ce que l'ave-

---

(¹) « M. de Rémusat, en se rendant à Vienne, » — fin novembre 1805,
un peu avant la bataille d'Austerlitz, — « eut l'occasion de faire plus
» d'une réflexion dans le pays qu'il avait à parcourir. Il traversait des
» contrées fumantes encore des combats dont elles avaient été témoins.
» Les villages détruits, les chemins couverts de cadavres et de débris
» retraçaient à ses yeux toutes les horreurs du carnage. La misère des
» peuples vaincus ajoutait encore des dangers à ce voyage fait dans
» une saison avancée. Tout contribuait à noircir l'imagination d'un
» homme, ami de l'humanité, et disposé à déplorer les désastres qui
» sont la suite des passions violentes des conquérants. Les lettres que
» je reçus de mon mari, tout imprégnées de ces pénibles réflexions,
» m'attristèrent profondément, et vinrent affaiblir l'enthousiasme vers
» lequel je me sentais entraînée de nouveau par des succès dont les
» récits ne nous livraient que la partie brillante. » (*Mémoires de M*^me *de
Rémusat*, p. 216.)

(²)   « Gloubokoé (Russie), 17 juillet 1812.

» *A Monsieur le comte Gollin de Sussy, ministre des manufactures et du
» commerce, à Paris.*

» Monsieur le comte de Sussy,

» Je reçois votre lettre du 16 juillet. Je vois avec plaisir que les
» temps difficiles sont passés; c'est une cruelle expérience que nous
» avons faite là : je la dois en partie aux faux renseignements qui
» m'ont été donnés par le ministre de l'intérieur. Si j'avais écouté ses
» bureaux, j'aurais tardé encore à défendre l'exportation des blés, et
» nous n'aurions plus été maîtres de la crise. Il est donc bien intéres-
» sant que vous preniez des mesures pour être exactement instruit
» des ressources, afin de savoir quand on doit permettre ou défendre
» l'exportation. Ceci est pour l'avenir : car, *pour les deux années qui
» vont suivre, les récoltes fussent-elles d'une abondance inouïe, nous en
» aurions besoin pour refaire nos magasins.*

Signé : « Napoléon. »

Le blé se vendait de 35 à 40 francs l'hectolitre. C'était, en tenant
compte de la rareté de l'argent à cette époque, comme s'il valait de
nos jours de 65 à 75 francs.

Il fallait être riche pour manger du pain.

nir semblait annoncer de misères plus grandes et de malheurs (¹).

Les campagnes étaient lasses de fournir du sang et la désolation se répandait de plus en plus dans les familles, car le
terrible fléau, la guerre, avec ses incessantes moissons de
jeunes hommes, menaçait d'enlever de ces familles tous ceux
qui en étaient l'espoir, la vie et le soutien (²).

Dans les villes, la désolation avait pris des proportions bien
autrement effrayantes.

Outre la part contributive de sang à fournir aux exigences
de l'insatiable fléau, — on y était encore sous l'accablement
des désastreux effets du blocus continental, qui avait répandu

---

Et cela se comprend, on ne pouvait pas être à la guerre et travailler
aux champs, pas plus qu'on ne pourrait, en même temps, pour parler
comme le proverbe, « sonner les cloches et chanter à la procession. »

On négligeait tout. On ne s'occupait ni des terres ni des routes : des
quantités considérables de champs étaient en friche, et les chemins,
les voies de communication étaient dans un état déplorable.

« Le système continental a causé aux populations de vignobles des
» pertes énormes. Dans le midi de la France, beaucoup de vignes ont
» été arrachées, et le bas prix des vins et des eaux-de-vie a générale-
» ment découragé ce genre de culture. » (*Rapport de M. l'abbé de
Montesquiou à la Chambre des députés: Moniteur* du 17 juillet 1814.)

(¹) « C'est peu d'avoir fatigué le laboureur de cette tyrannie active
» qui pénétrait jusqu'à sa dernière chaumière; de lui avoir enlevé ses
» bras, ses capitaux; de l'avoir condamné à racheter ses enfants pour
» les lui ravir encore; des réquisitions, qu'on peut appeler la plus
» savante découverte du despotisme, lui ont enlevé à la fois tous les
» fruits de son labeur; la postérité croira-t-elle que nous avons vu un
» homme s'ériger en maître absolu de nos propriétés et de nos subsis-
» tances, nous condamner à les porter dans des lieux où il daignait
» nous les ravir; toute la population sortie de ses foyers avec ses
» bœufs, ses chevaux, ses greniers, pour livrer sa fortune et ses
» ressources à ce maître nouveau : heureux encore lorsque ses agents
» n'ajoutaient pas à nos misères un trafic infâme! Mais jetons le voile
» sur ces indignités et oublions les excès de la tyrannie pour admirer
» les dons que nous fait l'auteur de la nature. Quelle autre terre aurait
» pu résister à tant de calamités? Mais telle est la supériorité de notre
» sol et l'industrie de nos cultivateurs, que l'agriculture sortira avec
» éclat de ces ruines. » (*Rapport de M. l'abbé de Montesquiou: Moniteur*
du 13 juillet 1814.)

(²) « On a vu des paysans bretons, après avoir conduit leurs enfants
» jusqu'au lieu du départ, revenir dans l'église de leur paroisse y
» faire dire d'avance la prière des morts… » (*Rapport de M. l'abbé de
Montesquiou, Moniteur* du 13 juillet 1814.)

partout comme une véritable léthargie (¹), — tout y était arrêté :
il n'y avait plus ni importations ni exportations, les transac-
tions commerciales y étaient tellement réduites qu'elles pouvaient être considérées presque partout comme nulles. On ne
travaillait plus que pour la guerre. Dans tout le reste,
tout s'arrêtait ou tendait à s'arrêter et se fermer : ateliers,
usines, manufactures. On ne voyait plus dans les rues et sur
les places que des ouvriers et des familles d'ouvriers tombés
dans la dernière misère.

Le clergé, déjà aigri et irrité, était devenu résolument
hostile depuis que, par un de ces coups de force qui lui étaient
habituels, Napoléon avait enlevé le pape de Rome (²) pour le

(¹) « Les routes du commerce, si longtemps fermées, vont être
» libres... La France ne sera plus réduite à s'en priver ou à ne les
» obtenir qu'à des conditions ruineuses. Nos manufactures vont
» refleurir; nos villes maritimes vont renaître; et tout nous promet
» qu'un long calme au dehors et une félicité durable au dedans seront
» les heureux fruits de la paix. » (*Discours de la couronne*, *Moniteur* du
5 juin 1814, après la chute de l'Empire.)

(¹) Au commencement de février 1808, Napoléon, qui voulait
chercher querelle au Pape, lui fit reprocher par notre ambassadeur,
M. Alquier, d'imiter le gouvernement anglais, de se servir, comme
lui, de l'expression *gouvernement français*, au lieu de dire *gouvernement
de l'Empereur.*

Le cardinal Casoni, secrétaire d'État de Sa Sainteté, répondit le
6 février 1808 (voir la Correspondance authentique de la Cour de Rome
avec la France) :

« Que l'étonnement et la surprise du Saint-Père ont été extrêmes
» quand il a vu qu'on voulait lui chercher un motif d'accusation et de
» reproche dans l'expression *gouvernement français.* »

En même temps le général Miollis envahissait les États romains, et
marchait à la tête d'un corps d'armée d'environ six mille hommes,
sur Rome, où il arrivait avec toutes ses forces du 8 au 10 février.

Après cet attentat ce fut autre chose : on n'avait envahi Rome et les
États de l'Église que pour chasser les brigands qui infestaient le pays.

Le 25 février 1808, le cardinal pro-secrétaire d'État, Joseph-Doria
Pamphili, répondait :

« Le Saint-Père voit aujourd'hui que, par une contradiction mani-
» feste, on allègue, pour motiver une mesure aussi hostile, l'asile donné
» dans ses États à certains brigands venus de Naples.

» D'après ce que Sa Sainteté fait déclarer, à cet égard, dans la note
» du 18 janvier dernier, elle a été également surprise que, sans indi-
» quer aucun de ces brigands, l'on continue de parler de leur présence
» dans les États de l'Église et dans la ville même de Rome; que l'on
» accuse le gouvernement romain de faiblesse pour les y avoir laissés

transporter à Savonne, dans une des forteresses du Piémont, c'est-à-dire à l'hôtel de la préfecture dont on avait fait une for-

---

» et que l'on pousse l'outrage jusqu'à le soupçonner de connivence » avec eux en les tolérant. »

Mais pour prouver qu'il y a bien des brigands dans Rome, sait-on ce que fait l'autorité française ? Elle s'empare d'abord de la poste aux chevaux, puis de la poste aux lettres, et enfin elle appréhende au corps quatre cardinaux, « les détache, » dit le pro-secrétaire d'État, « du » sein de Sa Sainteté, et les fait traduire à Naples au milieu de la » force armée, comme des criminels d'État. » (*Note du pro-secrétaire d'État, Doria Pomphili*, 2 mai 1808.

Mais on ne s'arrête pas là : le 26 mars on met la main sur presque tout le Sacré-Collège : on arrête comme des brigands 14 cardinaux.

Et le 27 mars, le pro-secrétaire d'État écrit aux ministres étrangers :

« Cet attentat, qui forme un sujet de scandale pour le temps présent » et à venir, a pénétré d'une manière incroyable l'âme sensible du » Saint-Père, soit à cause de l'insulte grave qu'on a faite à la dignité » du cardinalat, soit à cause de l'outrage que l'on commet contre sa » personne sacrée, puisqu'on n'a pas même épargné son premier » ministre. »

Mais il y a bien mieux : toujours pour prouver qu'il y a des brigands à Rome, on transforme nos soldats en filous.

Le pro-secrétaire d'État écrit à M. le général Miollis, le 7 avril 1808 :

« Un détachement français s'est présenté ce matin, vers les six heures, » à la porte du palais de Sa Sainteté. Le Suisse qui était de garde a » déclaré à l'officier du détachement qu'on ne pouvait permettre l'entrée » à des gens armés, mais qu'il ne la refuserait pas à lui-même, » pourvu qu'il entrât seul. L'officier français a paru satisfait et a » ordonné à sa troupe de faire halte. Alors le Suisse a ouvert la petite » porte et a permis à l'officier d'entrer. Celui-ci s'est avancé, et, tout » en entrant il a fait signe à sa troupe, laquelle s'est élancée aussitôt » en tournant la baïonnette contre le Suisse.

» Étant ainsi entrée par fourberie, elle s'est portée au local des » gardes, destiné aux milices du Capitole dans l'intérieur du palais, a » enfoncé la porte et s'est emparée des carabines dont on se sert ordi- » nairement pour monter la garde dans une des antichambres de Sa » Sainteté. La même violence s'est opérée au quartier des gardes » nobles du Saint-Père, où la troupe française a également enlevé les » carabines qui servaient à monter la garde dans la plus voisine » antichambre de Sa Sainteté. »

Le 12 juin 1808, le général Miollis fait apposer les scellés sur les papiers du secrétaire d'État et s'en empare.

Puis les arrestations de cardinaux continuent.

Le 7 septembre, on arrête le doyen du Sacré-Collège, Monseigneur le cardinal Antonelli. La veille, on avait arrêté le gouverneur de Rome, Mgr Arrezzo. Et ces vénérables vieillards sont conduits par les rues de Rome, au milieu d'une trentaine de soldats, comme des malfaiteurs.

teresse, et où il est resté, constamment gardé, comme un malfaiteur, jusqu'à la fin de sa captivité. Et, cependant, ce

---

Ce même jour, 7 septembre, le cardinal Pacca écrit aux ministres étrangers :

« Le palais Quirinal, la propre habitation de Sa Sainteté, est bloqué » par la troupe française, des sentinelles sont placées nuit et jour » autour de sa demeure. On porte l'audace jusqu'à arrêter et visiter les » voitures qui sortent de ce palais... »

Ce n'est pas tout encore : après avoir entouré la demeure du chef de l'Église d'une sorte de cordon sanitaire, après s'être introduits dans son palais comme n'eussent pas mieux fait des habitués de la police correctionnelle, après avoir arrêté quelques vénérables et inoffensifs vieillards comme des malfaiteurs, après avoir envahi un pays ami sous prétexte d'en chasser les brigands, on commet cette chose vraiment étrange : on attire soi-même ces brigands, on leur donne une cocarde, on les organise en troupe civique, et, ce qui est flatteur pour nous, *on les place sous l'ombre de la protection française.*

Et, à quels excès, grâce à cette protection, ces malheureux ne se livrent-ils pas?

Voici ce qu'écrit, à M. le général Miollis, le pro-secrétaire d'État, cardinal Pacca, le 17 octobre 1808 :

« L'indignation du Saint-Père est parvenue au dernier terme...

» Un nommé Nicolas Frabrici, de Torrici, n'ayant d'autre propriété » que celle de ses vices, ne s'y était jamais abandonné en toute liberté » jusqu'au moment où il a cru follement que la cocarde française qu'il » porte, comme soi-disant capitaine de cette troupe, lui accordait » l'impunité.

» Le 24 septembre, ce scélérat parut dans la foire de Cassamari avec » son cortège de quelques individus de la garde civique. Ils commirent » une infinité d'actes de pouvoir arbitraire et de concussion : ils bâton- » nèrent et blessèrent plusieurs personnes.

» Le jour suivant, s'étant rendus à Banno, ils allèrent s'établir dans » le couvent des Pères Conventuels, d'où, après s'être gorgés et rassa- » siés à leur volonté, ils sortirent en dérobant un grand nombre d'effets.

» A Bonnino et à Cave, la troupe civique de ces deux villes parcourt » la nuit les rues, insultant tout le monde, et particulièrement les » femmes ; elle commet des larcins continuels et des violences à tout » instant... Ces scélérats se sont portés jusqu'à enfoncer, pendant la » nuit, la porte de quelques maisons, de s'y introduire et d'insulter » audacieusement dans son lit une femme qui dormait aux côtés de son » mari. Dans quelques autres maisons, ils s'y sont introduits par la » fenêtre avec les mêmes intentions abominables.

» A Allari, un certain Nicolas-Cyprien Bottini, qui a pris la qualité » de sergent-major de cette troupe civique, homme qui ne doit sa » célébrité qu'aux vols et autres semblables délits, rompant toute » digue à la pudeur naturelle, même à un homme abandonné à la » dépravation la plus scandaleuse, se permet, avec l'impudence la » plus caractérisée, d'assouvir ses brutales passions : il a poussé sa papo est ce même vieillard qui avait tout quitté pour aller à Paris présider, dans l'église Notre-Dame, la cérémonie du sacre.

» témérité sacrilège jusqu'à commettre des actes publics de sa turpi-
» tude dans l'église principale, lesquels ont fait frémir d'horreur tous
» les assistants...

Enfin, le 17 mai 1809, Napoléon rend, de son camp impérial de Vienne, le fameux décret qui annexe les États de l'Église, y compris Rome, à l'Empire français, décret qu'il fait précéder de ce considérant vraiment étrange :

« Considérant que, lorsque Charlemagne, empereur des Français,
» et notre auguste prédécesseur, fit don aux évêques de Rome de
» diverses contrées, il les leur céda à titre de fiefs. »

Il est étonnant que, lorsqu'il était simple lieutenant d'artillerie à Auxonne, à Vienne en Dauphiné et à Douai, il ne se soit pas souvenu de son auguste prédécesseur. Car, Charlemagne avait également laissé dans ces contrées bien des fiefs où il eût pu refaire sa situation si voisine alors de l'indigence et même de la misère.

Quoi qu'il en soit, en vertu du décret, basé sur les droits que Napoléon avait à la succession de Charlemagne, « dans la nuit du
» 5 au 6 juillet 1809, vers une heure du matin, un détachement
» considérable de troupes françaises se porte vers le palais Quirinal.
» Et, tandis qu'une partie du détachement escalade les murs des
» jardins, l'autre partie escalade le côté du palais occupé par les gens
» qui composent la maison du Pape. En une heure ou cinq quarts
» d'heure, tous les soldats pénètrent dans le palais avec le général
» Radet en tête.

» Le Pape ne s'était pas couché ; il était occupé à écrire, lorsque
» le général Radet, suivi de ses soldats, pénètre dans son appartement.

« — Pourquoi venez-vous troubler ma demeure, dit le bon Pie VII
» au général, en le regardant avec dignité, que voulez-vous ?

« — J'ai ordre de vous emmener hors de Rome, lui dit le général. »

» Le Pape se lève, et sans prendre autre chose que son bréviaire
» qu'il met sous son bras, il s'avance vers la porte, donnant la main
» au cardinal Pacca, son secrétaire d'État, lequel s'était rendu dans
» son appartement en grand costume. On les conduit à la porte qu'on
» avait enfoncée. Là se trouvait une voiture dans laquelle on les fait
» monter.

» A trois heures du matin, la voiture, environnée de soldats, arrive
» à la Porte-du-Peuple, sur la route de Florence. Et là, le général
» Radet, après avoir fait atteler à la voiture des chevaux de poste,
» qu'il avait fait tenir tout prêts, monte sur le siège et l'on se met
» en route, sous une escorte de gendarmes.

» Enfin, arrivé depuis quelques jours à Savone, logé d'abord chez le
» maire, puis au palais épiscopal, le 27 septembre 1809, le Pape fut
» transféré à l'hôtel de la Préfecture, où il est resté pendant sa capti-
» vité, continuellement gardé par une compagnie de gendarmes.

TABLE DES MATIÈRES

	Pages.
Gloire et rêves de jeunesse de Napoléon	2
Bonheur domestique de Napoléon; — Marie-Louise et Joséphine	3
Le fils de Napoléon et de Marie-Louise, roi de Rome	4
Pauline Borghèse	4
Les Bonaparte partisans des terroristes et amis des Robespierre	6
Les Bonaparte chassés de la Corse	7
Joseph Bonaparte épouse une fille de Clary, marchand de savon à Marseille	8
Ambition étrange des frères et sœurs de Napoléon	
La Suisse sous la dépendance de Berthier, prince de Neuchâtel	11
Mauvaise plaisanterie que Talleyrand fait à Berthier au moment où il s'agit de savoir si Napoléon se fera proclamer roi ou empereur	12
L'Empereur d'Autriche tremblait devant Napoléon	12
Napoléon protecteur de la Confédération germanique	12
Qu'était la Prusse?	12
Un Bismark n'eût pas joué Napoléon par dessous la jambe, comme il y joua son neveu	12
Après Sadowa la Prusse est devenue une puissance de plus de 40 millions d'âmes	13
Bernadotte devenu Prince Royal de Suède	13
Causes du refroidissement de Napoléon et de la Russie	14
Napoléon avait voulu épouser les deux sœurs d'Alexandre, une première fois la duchesse d'Oldembourg, une seconde fois la duchesse Anne	14
Santé de Napoléon	15
Naissance de Napoléon	15
Esprit de Napoléon	16
Portrait de Napoléon	16
Napoléon manquait de cœur	17
Napoléon avait en lui quelque chose qui le portait au mal	19
État des esprits en Italie	20
État des esprits en Espagne	21
État des esprits en Allemagne, en Prusse, en Autriche et en Hollande	22
Situation de la Suède	24
Bernadotte et Napoléon au 18 Brumaire	25
État des esprits en Russie	27
État des esprits en France	28
Conduite de Napoléon à Rome ; enlèvement du Pape	30

Bordeaux. — Imp. G. Gounouilhou, rue Guiraude, 11.

www.ingramcontent.com/pod-product-compliance
Lightning Source LLC
LaVergne TN
LVHW012257050726
842524LV00004B/1147